AF341657

ÉVACUATION

DU

PAYS CONQUIS;

Détails du Siége de VALENCIENNES pendant la Campagne de 1794, avec quelques remarques sur l'organisation actuelle des armées Françoises, par un témoin oculaire.

Quæque ipse miserrima vidi.
VIRG. Æneis. L. I.

1795.

LE but que je me suis proposé dans cet écrit, n'a point été d'usurper le nom & la réputation d'auteur; cette carriere est devenue aujourd'hui trop dangereuse à parcourir, pour que j'ose me présenter en lice armé aussi à la légere que je le suis.

Je n'ai eu d'autre intention que de jetter quelques lumieres sur les événemens qui ont amené la retraite du pays conquis; ne présumant pas qu'on ait encore offert au public une rélation de ce genre, je n'aurai point à redouter de fâcheuse comparaison: cet espoir me rassure, & devient même pour moi, dans cette circonstance, un puissant motif d'encouragement.

J'aurai peut-être, pour réclamer avec quelque droit l'intérêt & l'attention du lecteur, un titre qu'un autre ne pourroit pas produire; c'est l'avantage de ne citer que des faits dont j'ai été le témoin & la victime.

PREMIERE PARTIE.

Précis des événemens qui ont précédé l'ouverture de la campagne.

L'inauguration de l'Empereur étoit fixée au mois de Mars; François II. devoit y paroître en perſonne, & ſon arrivée dans les Pays-Bas donnoit les plus juſtes eſpérances ſur le ſuccès de la campagne qui devoit s'ouvrir dans les premiers jours d'Avril. On ſe flattoit que la prſence du ſouverain en impoſeroit à la trahiſon, contiendroit la jalouſie des gens en place; exalteroit le courage des armées, & feroit enfin concourir les vues & les efforts des particuliers au bien & à l'intérèt général. On préſumoit que les Belges, deux fois, par leur faute, victimes d'une révolution, pénétrés de la bienfaiſance d'un maître qui leur avoit toujours ſi généreuſement ſacrifié ſon juſte reſſentiment, animés par l'exemple de tant de peuples éloignés qui lui avoient donnés des preuves ſi multipliées de leur attachement inviolable, ſe feroient crus obligés, autant par dévouement que par devoir, de faire les plus grands ſacrifices pour l'aider à terminer glorieuſement cette guerre ruineuſe, dont le ſuccès doit intéreſſer peut-être moins les rois qui la foutiennent, que les nations elles-mêmes, fi toutefois elles vouloient enfin connoître leurs véritables intérêts.

On parloit d'un don-gratuit, d'une levée de troupe confidérable; le peuple fembloit s'accoutumer à cette idée; l'enthoufiafme paroiffoit feconder les vues du fouverain; mais les états du pays, dont la volonté étoit en apparence fubordonnée à celle du prince, fe laiffoient influencer par des malveillans qui, couvrant d'une fauffe adhéfion leurs finiftres projets, travailloient fourdement à un plan général de déforganifation, excitant le peuple à des demandes & à des prétentions chimériques qu'on lui perfuadoit être la bafe de la conftitution de la Belgique. Un miniftre puiffant, auprès de l'Empereur, abufoit du pouvoir qui lui étoit confié, pour flétrir la gloire de fon prince; déjà même il n'étoit plus maître de fon opinion, elle étoit vendue à fon intérêt particulier.

L'amniftie générale, accordée à deux reprifes, laiffoit fubfifter dans le pays une énorme quantité de gens ennemis nés du fouverain, & que fes bontés réitérées enhardiffoient au crime & à l'ingratitude.

Des miffionnaires féditieux fe plaifoient encore

à répéter la cruelle épreuve qu'ils avoient faite peu auparavant de la crédulité du vulgaire; mais le fuccès qu'ils obtenoient alors , ils le devoient bien moins à la confiance aveugle qu'infpiroit autrefois leur caractere , qu'à l'attrait naturel que préfente à des ames affervies par l'ignorance le crime enluminé des couleurs du devoir & de la vertu. Il n'exiftoit, peut-être, pas de pays au monde, où les principes religieux euffent autrefois autant d'empire qu'en Brabant, & c'eft, peut-être, aujourd'hui celui, où le peuple faifit avec le plus d'avidité tout ce qui peut contribuer à le débaraffer de ce joug qui lui eft devenu infupportable ; la foule, toujours injufte, accufe la religion , d'avoir été la caufe de tous fes malheurs, ce qui n'eft effectivement que l'ouvrage de quelques miniftres infidelles & parjures à tous leurs ferments.

Telle eft la fource des malheurs d'aujourd'hui; les circonftances devoient développer ce germe deftructeur, & déterminer le moment de l'explo-fion ; en attendant qu'elles devinffent favorables, des émiffaires habiles répandoient l'inquiétude, fe-moient adroitement, parmi le peuple, de fauffes terreurs, faifoient retentir à fes oreilles les mots de defpotifme & d'oppreffion ; cherchoient à lui persuader que la Belgique seule supportoit, pour l'Empereur, tous le fraix de la guerre, que ses autres états étoient épuisés d'hommes & d'argent, que les impôts énormes occasionnoient déjà, en Bohême & en Hongrie, des mouvemens sérieux, que le projet étoit de forcer les états du Haynault à livrer leurs caisses.

Ces bruits répandus à propos, & mis à la portée de ceux qu'il s'agissoit d'indisposer, produisirent l'effet qu'on s'en promettoit; François étoit attendu par les uns & les autres avec des sentimens bien différents; ceux-ci espéroient tout de la présence du Monarque, & ne doutoient plus de la victoire, d'autres se félicitoient de le voir bientôt entre les mains de ses ennemis.

Tel est le précis de la situation politique du Brabant au moment de l'arrivée de l'Empereur; cependant, à Bruxelles, on s'apprêtoit à lui donner des fêtes; mais ce n'étoit pas au centre d'une armée impatiente de cueillir de nouveaux lauriers sous les yeux de son Roi qu'il eut été prudent de parler de révolte; il falloit attendre que des revers eussent jetté de la défaveur sur ses armes, il falloit attendre qu'il s'adressât directement à la nation pour en exiger des fecours, & ce moment n’étoit pas éloigné.

Paſſons à ce qui concerne l’enſemble des pré-paratifs militaires.

Auſſitôt que l’on apprît que le colonel Mack dirigeroit les opérations, l’armée comptant ſur ſes lumieres & ſa réputation juſtifiée par des talents réels, crut marcher à la victoire toutes les fois qu’il la guideroit au combat. Il s’étoit tenu, pendant l’hiver, à Mons & à Bruxelles, de fré-quents conſeils de guerre, du réſultat desquels rien n’étoit parvenu à la connoiſſance du public; des renforts conſidérables arrivoient tous les jours du fond de l’Allemagne; les Hollandois paroiſ-ſoient ſe préparer à faire de grands efforts, & l’Angleterre promettoit des ſubſides énormes en tout genre. Les généraux ſentoient combien il étoit important d’ouvrir la campagne de bonne heure, & preſſoient l’arrivée des troupes; l’ar-mée autrichienne, dans le courant de Mars, de-voit être forte de quatre-vingt dix mille hom-mes, les Hollandois en fourniſſoient vingt mille & les Anglois quarante mille, ce qui devoit por-ter l’armée combinée à cent cinquante mille hom-mes. On avoit fondé, trop légérement peut-être, quelques efpérances fur une levée de quarante mille Brabançons ; mais cette prétendue armée de Belges, fe reduifoit encore à quelque centaines de payfans dans la Weft-Flandre qui , s'étant volontairement armés & joints aux troupes autrichiennes, défendoient leur frontiere continuellement inquiétée par les François.

L'archiduc Charles devoit commander en chef l'armée impériale ; Coburg & Clairfait devoient diriger fous lui les opérations ; le duc d'Yorck & le prince d'Orange , dans leurs armées refpectives , devoient opérer d'après les ordres des généraux autrichiens ; Mack devoit faire à l'armée le fervice de quartier - maître général.

On publia à cette époque une proclamation pour engager les habitants du pays conquis à s'armer ; on leur donnoit pour chef le major d'Afpre, homme dont la réputation militaire auroit fait leur force principale ; cette invitation n'eut aucun effet.

Dans le courant du mois de Février le plan de campagne fut arrêté. Le fiége de Landrecy fut décidé. Landrecy pris, on devoit fe porter fur Cambrai, Douai & Bouchain ; Avefne devoit être attaqué en même temps, & fa reddition auroit néceffairement entraîné peu après celle de Maubeuge.

Cette importante expédition exigeoit une armée confidérable, & l'on deftinoit, pour le moment, fort peu de troupes à la défenfe de la Weft-Flandre ; mais on avoit fortifié Menin, Nieuport ; Ypres pouvoit tenir ; on travailloit à relever les fortifications de Tournay avec la plus grande activité : de telles précautions fembloient devoir tranquillifer fur le fort de ces provinces.

Mack avoit été envoyé en Angleterre pour communiquer au gouvernement l'enfemble du plan de campagne. Les reffources immenfes de la nation britannique, l'infatiguable activité de fes miniftres, les facrifices de tout genre qu'elle avoit faitʃ depuis le commencement de cette guerre, la faifoit confidérer, à jufte titre, comme le reffort principal de la coalition : d'ailleurs, l'efprit public y eft toujours tellement bien dirigé, que l'on devoit s'en promettre les plus heureux effets.

Le colonel Mack fut à peine de retour, que l'on preffa l'ouverture de la campagne. L'Empereur arriva peu après à Bruxelles ; il y fut reçu avec affez de pompe, mais en général on remarqua peu d'empreffement de la part du peuple ; fon inauguration eut lieu, & auffitôt qu'il eut fatisfait à tous les ufages qui tiennent à cette cérémonie, il fe rendit à l'armée.

Soit que les forces ne fe montaffent pas encore à l'effectif fur lequel on avoit affis le plan de campagne, ou que l'on eut pofitivement compté, d'après les promeffes des états du Haynault, fur une levée de troupes belgiques fuffifante, du moins, pour garantir le pays, dans le confeil de guerre qui fe tint en préfence de l'Empereur, plufieurs généraux furent d'avis de retarder encore le commencement des opérations, pour agir enfuite avec plus de certitude ; mais on regardoit comme très-important, de prévenir les François qu'on ne croyoit pas en mefure ; ce dernier avis prévalut, & les ordres furent donnés pour la marche des troupes. Quatre-vingt dix mille hommes fe porterent en avant tant fur Landrecy, que pour faire face à Maubége : vingt-cinq mille au plus refterent en Weft-Flandre, pour s'oppofer aux efforts des François qui faifoient de grands préparatifs, & des raffemblemens confidérables dans les environs de Lille, où Pichegru avoit alors fon quartier-général.

SECONDE PARTIE.

L'armée alliée marchoit fur fix colonnes; par-tout elle éprouva la réfiftance la plus vigoureufe, & elle ne dût fon avantage qu'à la grande combinaifon & à la conduite favante du projet d'attaque; les troupes des deux côtés fe battirent avec un acharnement incroyable; les François revinrent plufieurs fois à la charge, pour chaffer les alliés des ouvrages qu'ils avoient emportés; mais leurs efforts furent inutiles & leur perte très-confidérable: cette victoire complette fut remportée, le 8 d'Avril, fous les yeux de l'Empereur qui commandoit en perfonne une des colonnes prefque toute compofée de grenadiers. Les François, en déroute, abandonnerent la ville de Landrecy à fes propres forces; un ouvrage avancé, occupé par trois mille hommes, & qui défendoit les approches de la place, fut emporté d'affaut par les Hollandois à la fuite de la même affaire, & la place fut alors cernée de toute part.

Les diverfions continuelles, par lesquelles les François cherchoient à la dégager, néceffiterent une armée d'obfervation très-confidérable qui, pendant les préparatifs du fiége & les fept jours du bombardement, fut sans sesse inquiétée par les patriotes qui réiteroient, à chaque moment & souvent sur tous les points à la fois, leurs infructueuses tentatives. L'affaire la plus conséquente de toutes celles qui ont eu lieu dans le mois d'Avril, pendant le siége de Landrecy, fut celle du 26, où les Anglois qui appuyoient au Câteau-Cambresis furent attaqués par vingt-sept mille hommes; après un combat de cinq heures, les patriotes, en fuite, abandonnerent trente pieces de canon trois mille hommes resterent sur le champ de bataille, & on leur fit neuf cent prisonniers; cette affaire décida du sort de Landrecy; la garnison qui étoit de six mille hommes, hazarda quelques sorties assez vigoureuses sur les travailleurs, mais les Hollandois la repousserent toujours avec perte; le 20, tout étoit prêt; la ville s'étant refusée à la sommation fut bombardée sept jours & six nuits sans discontinuer; le 28, elle se rendit, le 29, la garnison en sortit forte de cinq mille hommes à peu près, & les troupes Hollandoises prirent possession de la place.

Le lendemain, 30, tous les corps qui avoient été employés au siége, rejoignirent la grande armée dans les plaines du Câteau; toutes les dispoſitions paroiſſoient ètre faites pour ſe porter en avant, mais on avoit déjà reçu des avis fâcheux de la Flandre, où les François s'étoient montrés avec une force puiſſante.

On détacha ſur le champ quelques bataillons de la grande armée, qui ſe porterent à grandes journées ſur les Pays-Bas, où, arrivant épuiſés de fatigues, ils eurent à combattre un ennemi bien ſupérieur en nombre, & que ſes pertes mèmes ſembloient multiplier. Il paroît que la premiere tentative des François dans cette partie n'avoit pas été conſidérée comme devant avoir des conſéquences ſérieuſes, puiſque le premier renfort que l'on envoya aux généraux qui y commandoient ne ſe montoit pas à plus de quinze mille hommes. Cependant les nouvelles devenoient de jour en jour plus alarmantes ; il n'étoit plus queſtion de marcher ſur Cambrai, le gros de l'armée combinée, dans l'eſpace de trois ſemaines, avoit filé ſur la Weſt-Flandre, & dès ce moment le théatre de la guerre changea.

Le prince d'Orange qui ſe maintenoit dans ſa poſition en avant du Câteau, avec un corps de troupes peu nombreux, fut bientôt obligé de l'abandonner, & de laiſſer, par ce mouvement, Landrecy à découvert. On établit, dans les plaines de Denain, un camp faisant face à Bouchain, en communication avec Marchiennes & Orchies, deux postes que l'on avoit, avec raison, regardé comme très-importans, & qui avoient été très-bien fortifiés. Ce camp qui mettoit Valenciennes & le Quesnoy à l'abri de l'insulte, étoit composé de deux bataillons Vallons, de deux bataillons Allemands, & de trois divisions de cavalerie ; le feldmaréchal-lieutenant baron de Lilien commandoit en chef ce corps qui se montoit à trois mille six cents hommes.

Le général Gray occupoit Orchies, & couvroit Condé par sa position ; les François étoient déjà rentrés au Câteau, & leurs patrouilles s'étoient avancées jusqu'aux glacis de Landrecy.

Tout fut assez tranquille, pendant sept semaines, dans le camp de Denain ; le service se bornoit à quelques détachements aux avant-postes, pour soutenir les troupes légeres dans les environs de Bouchain. On apprit successivement l'issue des affaires du 18 May & du 22, devant Tournay, le passage de la Sambre, la prise de Menin, Nieuport, Ypres, enfin celle de Charleroi qui assuroit aux François la possession du Brabant, & qui décidoit de la retraite des armées coalisées.

Dès-lors les généraux autrichiens qui commandoient dans le pays conquis, ne fongerent plus qu'à prendre les dernieres mefures pour abandonner toutes leurs pofitions en plaine, & fe retirer dans les places. Le 26 Juin, on fit rentrer tous les détachemens qui faifoient le fervice des avant-poftes, & à onze heures du foir on effectua la retraite ; on ne laiffa en arriere qu'une compagnie de fapeurs, protégés par quelques Croates, pour couper tous les ponts.

Le lendemain, 27, l'armée fit halte, à quatre heures du matin, fur les hauteurs d'Anzin ; tout étoit affez tranquille ; la cavalerie gagna le camp de Maulde, où elle rejoignit le général Gray qui, la même nuit, avoit évacué Orchies & Marchiennes.

A fept heures du matin, les troupes entrerent dans Valenciennes, fuivies d'une grande quantité de riches fermiers du Pays conquis, qui fe réfugierent dans la place avec leurs familles, & emmenant avec eux le peu d'effets qu'ils avoient pû raffembler à la hâte.

La garnifon de Valenciennes étoit alors compofée de trois mille huit cents hommes ; favoir deux bataillons du régiment de Ligne, un bataillon de Calemberg, deux bataillons Hollandois,

deux

deux divisions du régiment d'infanterie de Schröder, un bataillon de chasseurs, une division de Latour dragons & une centaine de cavaliers de l'état - major. Je ne fais point ici mention de ce qui étoit attaché au service de l'artillerie, & je n'évalue que ce qui étoit destiné à garnir le rempart. On présumoit que le général Gray qui ne pouvoit pas tenir au camp de Maulde , au moment où il opéreroit sa retraite sur la grande armée, jetteroit, dans les places conquises, cinq bataillons qui faisoient partie de son corps , & qui lui devenoient absolument inutiles ; ce renfort eut été d'autant plus essentiel , pour Valenciennes sur - tout, qu'il étoit impossible que la place put résister plus de quinze jours à une attaque vigoureuse, vu la foiblesse de sa garnison.

La ville de Condé, beaucoup moins grande & d'autant plus facile à défendre , avoit une garnison de deux mille hommes. Le Quesnoy dont les ouvrages n'ont pas plus du tiers de l'étendue de ceux de Valenciennes, avoit une garnison aussi forte que cette derniere ville ; à l'égard de Landrecy, il avoit été impossible d'y jetter du monde à cette époque ; mille cinq cents hommes de différents régiments en composoient la garnison ; déjà la ville avoit été sommée.

B

Voici quel étoit, à peu-près, l'état des villes conquifes au moment de la retraite de la grande armée; je vais tâcher d'en donner une idée auffi exacte qu'un individu ifolé peut fe l'être formée, d'après des remarques particulieres & des converfations fuivies avec des ingénieurs inftruits. Perfonne n'ignore que, dans tous les fervices, il eft ordinairement affez difficile de fe procurer des renfeignements détaillés fur l'état d'une place de guerre. Depuis que les Autrichiens étoient en poffeffion des trois villes Condé, le Quefnoy & Valenciennes, on y avoit travaillé, fans relâche, foit à réparer les fortifications, foit à augmenter les ouvrages, & à l'époque où ces places font rentrées fous leur domination primitive, on y travailloit encore.

Au Quefnoy, des forts avancés, flanqués les uns par les autres, & dans le cas d'être foutenus par le feu de la ville, néceffitoient, pour ainfi dire, un double fiége.

A Condé, un ouvrage extérieur immenfe, protégé par une inondation tendue à trois pieds de haut, rendoit l'approche de la ville inabordable; dans l'intérieur on avoit conftruit des cafemates, des magafins fouterrains, propres à recueillir des malades. Les mines avoient été confidérablement augmentées; la place, déjà très-forte par elle-même, auroit pu tenir, avec une garnison suffisante, trois mois, suivant l'avis des gens de l'art.

A Valenciennes, on avoit étendu les eaux de l'Escaut de maniere à soulager beaucoup la garnison; un fauxbourg entier étoit inondé; la citadelle peut se défendre indépendammént de la ville, & rien n'avoit été menagé pour y créer de nouvelles mines; de plus, comme le rempart qui va de la porte dite de Mons à la porte de Cardon, n'étoit pas pratiquable, pour peu que le feu fut suivi des hauteurs de St. Sauve *) qui lui sont opposées, on avoit élevé de distance en distance des traverses immenses, qui en rendoient le passage très-sûr. L'ingénieur en chef autrichien avoit aussi fait adopter un plan pour la construction des tambours **), destinés à protéger la retraite des palissades, & assurer la descente des escaliers qui menent aux poternes; tel étoit l'état des fortifications que deux

---

*) C'est sur ce point qu'en 1793, les Autrichiens dirigerent leur principale attaque.

**) *Tambours*, ces tambours sont des demi-cercles formés avec des pieux de la hauteur de huit pieds, vis-à-vis l'entrée des escaliers qui menent aux poternes, avec des plates-formes, pour pouvoir assaillir l'ennemi quand il s'est jetté dans la palissade.

cents vingt pieces de canon ne laiſſoient pas que de rendre reſpectables. Les dépenſes que l'Empereur a fait dans ces trois places, ſont prodigieuſes, ſur-tout pour Valenciennes qui a eu à ſouffrir un bombardement de quarante-ſept jours en 1793, & dont l'intérieur avoit été fort endommagé. A l'égard de Landrecy, dont les ouvrages ont été ruinés, il eut été impoſſible de le conſerver, vu ſa poſition trop avancée par rapport aux trois autres places.

Les premieres fortereſſes dont j'ai fait mention, étoient abondamment pourvues de vivres & de munitions de guerre; à Valenciennes il y avoit de quoi fournir à une garniſon de dix milles hommes toutes les reſſources néceſſaires pour une défenſe de ſix mois.

Quant à ce qui regarde l'eſprit des habitants, ils avoient donné, depuis le commencement de la révolution, des preuves d'un très-grand dévouement à ce nouveau ſyſtème. A Condé, où pendant le blocus le peuple à ſouffert de la faim, jamais il n'a témoigné le moindre mécontentement. Beaucoup de jeunes gens s'étoient volontairement adjoints à la garniſon dans quelques ſorties qu'elle tenta contre les Autrichiens. A Valenciennes, en

1793, deux milles bourgeois s'étoient préfentés pour faire le fervice de l'artillerie, & n'ont confenti à la reddition de la place que lorfqu'il ne leur eft plus refté d'efpoir fur l'arrivée de l'armée de Cuftine, qu'on leur perfuadoit marcher à leur fecours ; fans doute il eft des occafions où il eft prudent de déguifer fes véritables fentimens ; mais on diftingue toujours ce qui part d'une véritable bonne volonté d'avec ce qui naît des tranfports de circonftance, & les habitans des villes, dans le pays conquis, ont affez généralement témoigné un grand éloignement pour le gouvernement autrichien. S'il étoit befoin de nouvelles preuves de ce que j'avance, je parlerois de la réception plus que froide des habitans lors de l'arrivée de l'Empereur, & j'appellerois en témoignage plus de dix mille individus de toutes les claffes tant des villes que des campagnes, qui ont fuivis les armées alliées dans leur retraite, pour fe fouftraire aux dénonciations de leurs propres concitoyens. Cependant la *jointe* *) n'avoit pas fait un exemple marquant, aucun ufurpateur n'avoit été dépoffédé ; on avoit accordé fix mois, pour retourner dans l'intérieur

---

*) La *jointe* étoit un tribunal provifoire établi dans le pays conquis, duquel reffortoit tout ce qui avoit rapport au civil.

de la France, à tous ceux qui seroient mécontents du nouveau régime. Il est actuellement bien prouvé, que cette tolérance passoit aux yeux du peuple pour foiblesse, & que, bien loin de l'adoucir & de le ramener, elle l'irritoit, & ne lui inspiroit que du mépris & de la haine pour ses nouveaux maîtres. Reprenons la suite des événemens militaires.

Le 3 de Juillet, les François entrerent dans le village d'Anzin, dont la position domine absolument celle de Valenciennes ; ils détacherent en même temps un corps de trois mille hommes qui occupa les environs de Condé, & dès ce jour, la communication fut interceptée entre les deux places. Landrecy fut attaqué à peu-près à la même époque ; sa résistance fut peu opiniâtre, & ne pouvoit pas être longue ; on ignora le jour précis de sa reddition, mais on présuma avec raison, que lorsque les François se présenterent au Quesnoy, Landrecy étoit à eux, car ils étoient alors trop peu nombreux dans cette partie pour mener deux siéges de front. Vers le 16, ils commencerent à faire les approches du Quesnoy & de Condé, & dès ce moment on ne reçut que très-rarement des nouvelles de ces deux places à Valenciennes, car on étoit très-mal servi en espions.

Auſſitôt qu'on entendit tirer au Queſnoy & à Condé, on ne douta plus d'un ſiége devenu inévitable, à l'époque où une de ces deux places tomberoit. Les François envoyoient tous les jours en reconnoiſſance de gros détachements, qui occupoient les hauteurs d'Anzin, le camp de Famars, & inquiétoient les piquets de cavalerie autrichienne ; la garniſon de Valanciennes étoit trop foible pour haſarder des ſorties, il fut impoſſible d'empêcher qu'ils ne conſtruiſiſſent des redans très-près de la ville, où ils établirent des poſtes très-nombreux, & leur général fixa ſon quartier à Raîmes, comme étant l'endroit le plus à portée des opérations ; le ſervice intérieur dans Valenciennes étoit devenu très-pénible ; les troupes étoient employées aux travaux ; on s'occupoit de blinder les hôpitaux & les magaſins pour les garantir de l'effet de la bombe. Les ennemis du dehors étoient ſans doute à redouter ; un eſpion, revenu de l'armée autrichienne, l'avoit rencontrée au-delà de Tirlemont ; il ne reſtoit donc plus d'eſpoir de ſecours ; mais on avoit de juſtes inquiétudes ſur le dedans ; tous les anciens magiſtrats s'étoient éloignés, il fallut donc créer une nouvelle magiſtrature ; perſonne ne ſe préſentoit pour remplir les places vacantes, mais il falloit abfolument des magiftrats &, de gré ou de force, on en trouva. La premiere opération qu'on exigea d'eux fut de répartir fur les habitans une contribution de quatre-vingt mille florins à titre de prêt, le général ayant befoin de cette fomme pour folder la garnifon, la caiffe de guerre étant vuide; on fit enfuite des vifites domiciliaires, dans toutes les maifons, pour y enlever les armes; ces recherches qui témoignoient de la défiance, avoient été prévues, & ne produifirent d'autre effet que d'augmenter la méfintelligence.

Le feu fur le Quefnoy fe foutenoit très-vivement; déjà même, du haut des tours de Valenciennes, on appercevoit, à l'aide des lunettes, les progrès de l'incendie. La garnifon hafarda plufieurs fois de fortir avec affez de fuccès, & encloua trois batteries de gros calibre.

Condé demandoit plus de précautions; les François qui attendoient, pour former en regle l'attaque de la place, des renforts de leur armée de Flandre, avoient néanmoins élevés quelques redoutes, où ils avoient établis des obufiers & quelques pieces de canon; & fans efpérer beaucoup du feu peu foutenu qu'ils faifoient alors, ils rempliffoient toujours leur but, en fatiguant la garnifon qu'ils favoient n'être pas nombreufe.

Tout fe bornoit encore, à Valenciennes, à des affaires de patrouilles quelquefois affez fréquentes; le 25, il fe préfenta un ennemi trompette qui fut conduit chez le général Cammeler, commandant de la place; fa miffion fut tenue fecrette : on conjectura qu'il étoit porteur d'une fommation, quoiqu'on prétendît dans le public qu'il étoit venu pour inftruire le général que fa femme avoit été arrêtée, fe rendant à Valenciennes, & qu'il devoit être fans inquiétude fur la maniere dont elle feroit traitée.

Les circonftances devenoient de jour en jour plus preffantes, & les travaux intérieurs exigeoient beaucoup de monde; cinq cents payfans du pays y étoient employés, mais cela ne fuffifoit pas; en conféquence on prit le parti de convoquer la bourgeoifie par paroiffes pour aller à la pionnerie, ce qui augmenta tellement la foule des mécontents, qu'on fut obligé de publier, pour mefure de fureté, qu'il feroit délivré des paffeports à tous ceux qui defireroient retourner en France; il s'en préfenta beaucoup, qui furent efcortés jufqu'à l'entrée du camp ennemi.

Les efpions n'avoient donné que des nouvelles très-vagues fur la fituation actuelle de Condé & du Quefnoy; ils n'avoient même pas pu rendre

un compte exact de la force de l'armée françoise, &
le 14 d'Août, on apprit la reddition de cette derniere
place qui, après s'être défendue vingt-sept jours sans
espoir de secours, avoit été obligé de capituler. On
doit les plus grands éloges à cette brave garnison,
victime de son courage & de son dévouement à la
cause de son souverain. On a su depuis que de tous
les prisonniers faits dans cette guerre, ceux du
Quesnoy ont eu le plus à souffrir, tant au moment
de leur sortie, que depuis leur détention. La convention avoit même décidé qu'il ne leur seroit point
accordé de capitulation, mais ce décrèt avoit été
retiré.

Les François, après avoir pris possession de cette
place, firent aussitôt refluer toute leur armée sur
Condé & Valenciennes, & le 18, après une affaire
très-vive, cette derniere place fut cernée de toutes
parts. Les François occuperent dès-lors, sans crainte
d'y être inquiétés, les villages d'Anzin, St. Sauve &
Marly; & après avoir ouvert des tranchées & prati-
qué de l'une à l'autre des boyaux de communication, aussitôt que leur artillerie fut arrivée, ils firent
de nouveau sommer la ville.

Un de leurs généraux, nommé Jacob, entra dans
la place, accompagné d'un colonel autrichien qui

venoit rendre compte au général Cammeler de la capitulation du Quesnoy ; Jacob fut introduit au conseil, & après un exposé fastueux des moyens des républicains & une énumération empoulée de leurs victoires dans la West-Flandre, il demanda formellement qu'on se rendit à discrétion & sur le champ. Pendant la délibération, le général républicain parcourut la ville, accompagné d'un ingénieur autrichien ; s'étant présenté, une heure après, pour savoir l'arrêté décisif du conseil, il lui fut répondu : que d'après les nouvelles qu'il donnoit de la situation des armées alliées, & de leur retraite jusqu'à Maëstricht, lesquelles nouvelles il avoit dit pouvoir garantir *foi de Républicain*, (ce furent ses expressions) aux conditions suivantes on évacueroit la place ; savoir :

1°. Que la garnison sortiroit avec tous les honneurs de la guerre.

2°. Qu'elle seroit escortée & reconduite jusqu'à l'armée.

3°. Qu'elle emmeneroit toute l'artillerie autrichienne & étrangere qui se trouvoit dans la place.

Le général autrichien ajouta que, si ces conditions justes & loyales étoient refusées, il étoit décidé à se défendre jusqu'à la derniere extrémité.

Le général Jacob répondit : qu’il fentoit combien la fituation du confeil étoit délicate, qu’il apprécioit toute la juftice des propofitions qu’il lui faifoit, mais qu’ayant des pouvoirs très-bornés, il alloit en rendre compte au général en chef. Celui-ci ayant trouvé la capitulation de nature à être préfentée à la convention, Jacob fut envoyé à Paris.

Ce fut de lui qu’on apprit que la place étoit cernée par une armée de trente mille hommes. Condé avoit été fommé dans les mêmes termes, mais la marche du commandant étoit toute tracée, puifqu’il n’avoit qu’à fuivre l’exemple que lui donneroit Valenciennes, pour fe décharger de toute refponfabilité.

En attendant que la convention décidât, il fut propofé d’établir une treve que le général françois refufa, en difant que, ,, comme il en coûtoit trop ,, chez eux pour ne pas obéir à la lettre, ayant un ,, ordre précis d’attaquer à outrance, on eut à fe ,, défendre de même.”

Les François menaçoient fur deux points; du côté de la citadelle, & du côté du front de fortification qui fait face aux hauteurs de St. Sauve; le refte de la journée & la nuit fe pafferent affez tranquillement; mais le 20, à la pointe du jour, les travailleurs que l'on conduifoit dans un ouvrage extérieur, où tous les jours on établiffoit un pofte qui rentroit le foir, furent accueillis par un feu de moufqueterie très-vif; ils fe replierent à la hâte, & on commença à faire jouer fur ce point trois batteries de quatre pieces de canon chacune & huit mortiers. Les François établis derriere le parapet de cette redoute qui n'étoit pas à plus de quatre-vingt toifes de la citadelle, y avoient ouvert une tranchée, dans laquelle ils étoient déjà terré à trois pieds de profondeur; pendant fix jours & cinq nuits on tira de la place fans difcontinuer & fans pouvoir parvenir, non-feulement à faire évacuer le pofte, mais il fut même impoffible de ralentir un moment la vivacité du feu de moufqueterie que les François dirigeoient fur la paliffade, d'où on leur répondoit avec la même activité. J'obferverai qu'il n'y a peut-être jamais eu d'exemple qu'une troupe fe foit maintenue, à découvert, pendant auffi long-temps, à cinq cents pas d'un front de fortification, fous un feu auffi terrible fans une piece de canon pour la foutenir; ce fut cependant ce qu'exécuterent trois bataillons Alfaciens qui couvroient les travailleurs; de pareilles tentatives ne fe font pas fans de grands facrifices, les républicains l'ont éprouvé, puifqu'ils y ont laiffé onze ~~mille~~ *cents* hommes.

Tandis qu'à Valenciennes on fe difputoit le terrein, la convention avoit parlé, & le même général Jacob rapporta fa réponfe. Après avoir fait fonner un appel qui fut pour les deux partis le fignal d'une treve, il fut introduit dans la place, & donna communication de fes dépèches.

La convention exigeoit d'abord:

1°. Que la garnifon mît bas les armes.

2°. Qu'elle rendit fes drapeaux & tambours.

3°. Que la cavalerie fut démontée.

4°. Que toute l'artillerie reftât dans la place.

A ces conditions les troupes autrichiennes devoient être reconduites, avec une efcorte, jufqu'à la grande armée qui fe trouvoit alors au-delà de la Meufe; un article de la capitulation regardoit les émigrés militaires & autres qui fe trouvoient dans la ville en grande quantité de tous les fexes & de toutes les claffes; la convention exigeoit qu'ils fuffent livrés, & le confeil jugea apparemment inutile de faire pour eux quelques démarches, car s'ils ne furent pas livrés, ils furent au moins complettement abandonnés; un feul homme a ofé parler en leur faveur, fans avoir obtenu de fes demandes, & je dois dire plus, de fes prieres tout le fuccès qu'il en efpéroit; ce fut néanmoins à fa follicitation que le repréſentant du peuple déchira la liſte nominale qu'il avoit entre les mains, & dit: „qu'on ne me les dénonce pas, tout ce qui me „fera dénoncé eſt perdu". Cet homme généreux qui dans ces momens de troubles a oſé élever la voix pour la cauſe de tant d'infortunés, reçoit tous le jours une récompenſe bien douce de ſon excès de ſenſibilité, puiſqu'il a le témoignage de ſa propre conſcience, auquel mes éloges ne peuvent rien ajouter.

Les articles ayant été débattus autant que la circonſtance le permettoit, la capitulation fut ſignée le 27 au ſoir; il fut arrêté que pluſieurs poſtes importants feroient livrés aux François ſur le champ; la nouvelle en fut portée au quartier-général, & les républicains commencerent dès-lors à donner un libre eſſor à leur joie immodérée. L'hymne marſeilloiſe retentiſſoit de toutes parts; les patriotes accouroient en foule dans la ville, ſe félicitoient, s'embraſſoient, ſe prenoient mutuellement à témoin de leur carmagnoliſme immuable, (je me ſers de cette expreſſion d'après eux-mêmes;) un habitant eut l'audace dans ces moments d'attendriſſement & d'effuſion, d'arborer à la porte de ſa maiſon un drapeau tricolore de huit pieds de haut, poſitivement devant la garde autrichienne ſur la place royale ; ſon inſolence ſcandaliſa tellement, non le général autrichien, mais le général françois lui-même, qu'il s'empreſſa d'en faire juſtice, & qu'après maintes invectives adreſſées directement à ce citoyen, le menaça de le faire pendre à la place de ce drapeau, s'il n'étoit enlevé à l'inſtant. Cet exemple eut ſon effet, & pendant les trois jours que les François & les Autrichiens reſterent enſemble dans la ville, le général républicain y entretint la police avec beaucoup de ſévérité; ce fut à la même époque que le feu étoit le plus vif ſur Condé qu'il s'agiſſoit auſſi de décider à ſe rendre, effectivement, cette place qui fut avertie par un trompette de la capitulation de Valenciennes, entra dès ce jour en pour-parler avec l'ennemi.

Le 28 fut très-orageux à Valenciennes; les dragons de Latour, mécontens de la reddition de la place, parcouroient les rues à toute courſe, diſſipoient les attroupemens, & répondoient par-tout au cri de *vive la République*, par celui de *vive l'Empereur*. A neuf heures du matin, le repréſentant du peuple & le général républicain entrerent en ville ſuivis d'un cortege nombreux ; ils ſe rendirent chez le baron de Cammeler pour y traiter de quelques

articles

articles relatifs à la fortie de la garnifon qui fut fixée au furlendemain, 30. Le 29, on remit aux commiffaires nationaux les liftes nominales des foldats, celles des domeftiques & de tout ce qui tenoit à la commiffairerie civile, ainfi que la caiffe militaire contenant trois mille livres en fols - cloche. Le général françois exigea que les dragons de Latour fortiffent le même jour ; à dix heures du matin ils fe rendirent fur la plaine de Mons, où ils mirent pied à terre non fans beaucoup de difficultés. Deux volontaires & deux officiers furent trainés hors des rangs, on ignore quel a été leur fort.

L'ordre de la généralité autrichienne pour le lendemain fut qu'à fix heures du matin les François releveroient la garnifon dans tous les poftes, & qu'à huit heures on évacueroit la place, ce qui fut exécuté de point en point. Au moment de la fortie un bruit horrible fe fait entendre, on crioit de toutes parts au feu ; la cloche du Béfroi étoit en branle, on s'interrogeoit, on couroit ; enfin l'on apprit qu'un foldat Vallon qui avoit fait le projet de faire fauter le magafin à poudre & d'incendier les magafins de foin, avoit mis le feu aux cafernes. Le général françois furieux, menace l'état-major autrichien de donner un libre cours à la fureur de fes troupes, il parle de faire décimer la garnifon; le peuple n'attendoit que le fignal pour fe jetter fur les étrangers, lorfque, par un hafard inattendu, le coupable fut pris, livré & fufillé. L'effervefcence étant un peu appaifée, les Autrichiens fe mirent en marche pour fe rendre fur la plaine de Mons; ils profiterent des honneurs de la guerre jufqu'aux glacis où ils furent reçus au milieu d'une haie de feize mille hommes. Au cri de bas les armes, chaque régiment dépofa fes armes, & la cavalerie fut démontée. Le repréfentant du peuple parcourut enfuite la ligne & fit arrèter plufieurs émigrés & beaucoup de bourgeois qui fe fauvoient déguifés. Le peuple obftruoit les rues qui conduifoient à la porte de Mons, à chaque fenètre étoit arboré un drapeau tricolore, marque de civifme; les cris de joie, mèlés aux accens de la douleur & confondus avec le bruit d'une mufique militaire, formoient le contrafte le plus effrayant. Il feroit difficile de dire au jufte à combien fe font montées les arreftations à Valenciennes; le fait eft que la ville renfermoit une grande quantité de perfonnes coupables dans le fens des républicains, & que leur général, au moment où il apprit la reddition de la place, dit en propres termes: ,, Valenciennes eft rendu, il va

„ y couler beaucoup de fang.” Laiffons tomber la voile fur ces fcenes d'horreur que l'humanité reprouve , & que l'efprit de parti voudroit en vain excufer. Le défarmement fini , toutes les troupes fe mirent en marche pour Mons ; les Autrichiens fe portèrent fur Maëftricht & les Hollandois fur Bréda.

La ville de Condé capitula le 29 , aux mêmes conditions que Valenciennes.

Tel fut le fruit de trois campagnes & le prix du fang de tant de milliers de foldats. On n'a jamais rien fu de pofitif fur les raifons qui ont pu déterminer à laiffer auffi peu de garnifon dans les places conquifes ; cela étoit également impolitique , foit qu'on eut deffein de les défendre ou qu'on eut intention de les abandonner. Si l'on jette un coup-d'œil fur l'état de ces places , fur les dépenfes énormes que l'Empereur y avoit faites , fur les magafins de toute efpece qu'on y avoit entaffé ; fi l'on confidere l'incertitude dans laquelle on a laiffé les généraux qui y commandoient ; fi l'on ajoute quelque foi aux bruits qui fe répandent de prétendus ordres de l'Empereur pour les rendre , fignés de fa main & fcellés de fon fceau , & que lui-même il défavoue : comment un homme circonfpect peut-il fe permettre de chercher à raccorder toutes ces monftruofités? le temps feul peut jetter un grand jour & développer la trame de ces événemens malheureux. Mais que fert de s'égarer en réflexions & en conjectures, quand il ne refte plus qu'à s'affliger des réfultats?

REMARQUES

fur l'organifation actuelle des armées Françoifes.

J'AI hazardé de joindre ici quelques détails fur l'organifation actuelle des armées françoifes ; je les ai extrait d'un petit manufcrit qui contenoit le récit d'une route que j'ai faite dans le mois de Septembre avec un détachement françois , lors de la reddition de Valenciennes , de cette derniere ville à Anvers, & d'Anvers à Maëftricht ; ayant traverfé trois corps d'armée confidérables, ce qui m'a donné occafion de voir & d'entendre beaucoup de chofes très-nouvelles pour moi ; je préfente au lecteur l'enfemble des remarques que j'ai été à portée de faire ; je réclame fon indulgence, en le priant de confidérer combien, en touchant ce fujet, ma pofition eft délicate , puifqu'il peut fe trouver des perfonnes qui fe croiroient en droit de jetter de la défaveur, pour ne pas dire de fufpecter même mon impartialité.

L'armée françoife à changé de formation fur plufieurs points; les régiments font augmentés ; l'infanterie de ligne eft prefque généralement confondue avec les volontaires , du moins elle eft

presque toute vètue de même & ne peut être dis-
tinguée que par le numéro. On a créé de nouveaux corps d'artillerie tant à pied qu'à cheval,
& on a levé une prodigieuse quantité de troupes
légeres, pour se mettre au niveau des puissances
alliées, qui en employent beaucoup dans cette
guerre. L'artillerie & le génie font la force principale des François; c'est dans ces deux corps qu'ils
mettent toute leur confiance, ce font eux qui ont
déterminé tous leurs succès; aussi, depuis le commencement de la révolution, n'a-t-on rien épargné
pour les attacher particuliérement au nouveau système; tel canonier, un jour d'affaire, attaché à une
batterie importante & d'une capacité reconnue,
recevra jusqu'à trois & quatre louis de gratifica-
tion; aussi l'on ne peut disconvenir que les François
n'aient eu dans cette arme un avantage constant
sur les alliés tant par le nombre des pieces, que
par la force des calibres & la maniere de les mou-
voir, puisqu'ils font parvenus cette campagne à
manœuvrer des pieces de seize avec la même activité que l'artillerie à cheval de l'Empereur manie
le six. C'est dans les environs de Charleroi qu'ils
éleverent le premier ballon; on en a ri long-
temps, mais il eut été plus sage de l'imiter; ce

ballon étoit ordinairement monté par deux perfonnes, un général & un fécretaire ; ils obfervoient
les pofitions de l'ennemi & rédigeoient, fuivant que
le cas l'exigeoit, des ordres qu'ils enfermoient dans
une boëte de plomb , & qu'ils faifoient parvenir
ainfi jufqu'à terre ; ces ordres étoient reçu & por-
tés en toute hâte par des ordonnances comman-
dées à cet effet; ils en firent encore ufage avec
beaucoup de fuccès lorfqu'ils attaquerent les Autrichiens fur la Meufe.   Il avoit été un moment
queftion que les armées ne fe ferviroient plus de
tentes; effectivement, à l'armée du nord, les troupes ont été long - temps baraquées dans des hut-
tes recouvertes en paille. Le télégraphe, par le
moyen duquel on reçoit à Paris des nouvelles de
Lille en fix heures, eft le fruit de quatre ans de
recherches, & a été mis en ufage par les François
dans cette campagne.

Le coup - d'œil de leurs armées eft peut-être
impofant par le nombre ; mais il y a en général
fi peu d'uniformité dans leur infanterie & une fi
mauvaife tenue, qu'à l'exception de quelques corps
de cavalerie affez brillants, ces armées préfentent
l'affemblage le plus bizarre. Les parcs d'artillerie
font toujours très-foignés & dans un ordre très-

régulier. Sous la dictature de Roberspierre la pique surmontée du bonnet rouge avoit remplacé le drapeau ; quelques officiers portent à la boutonniere une médaille très - large , qui doit être probablement une récompenfe militaire , ou ce qu'ils appellent une marque de civifme ; tout ce qui a rapport au fervice de l'armée , les hôpitaux & les magafins , eft affez bien entendu ; deux différents décrets y ont établi une grande police : le premier réforme les domeftiques & les chevaux , excepté pour les officiers - majors ; l'autre renvoye les filles publiques , diffame & exclut des hôpitaux tout homme attaqué des maladies qui font la fuite inévitable du libertinage ; tout ordre qui fe donne fous la forme de réquifition , eft fans réplique ; quiconque s'y refufe , eft puni de mort. Le pillage eft défendu aux foldats fous les peines les plus rigoureufes , & ce qui eft bien étonnant, c'eft que cette mefure raffure finguliérement l'habitant, tandis que les réquifitions lui enlevent fouvent la majeure partie de ce qu'il poffede , fur-tout en denrées de toute efpece.

Les armées font compofées de quatre fortes de gens bien diftincts ; la moitié, peut - être , marche par aveuglement ou de bonne foi ; l'autre moitié peut fe divifer en trois claffes : celle des gens que la mifere conduit aux armées *) ; celle de ceux que la force y traîne **), enfin celle de ceux qui, connoiffant parfaitement la nature de la caufe qu'ils vont foutenir, fe trouvent obligés de céder à des confidérations particulieres, & de prendre le parti des armes ***). Il falloit donc trouver un moyen d'organifer ces monftrueux raffemblemens ; il falloit un frein capable de contenir cette multitude. Ce frein eft une difcipline févere, que l'on a graduellement amenée, & qui, fuivant le foldat, pas à pas, ne lui laiffe entrevoir que l'obéiffance paffive ou la mort. La maniere dont cette difcipline eft introduite, n'a pu être l'affaire d'un moment ; le grand art n'étoit peut-être pas encore de l'établir, mais il falloit la maintenir & la faire aimer au foldat, en la lui préfentant comme le gage de fa fureté. Cette difcipline s'étend fur-tout & punit prèsqu'auffi féverement les fautes de fubordination que la lâcheté devant l'ennemi. Pour ce qui regarde les com-

---

*) Perfonne n'ignore, avec quel art on a fu entretenir, dans les provinces, une mifere factice, pour forcer la multitude à fe rendre aux armées, où tout abondoit.

**) Ceci n'a pas befoin de preuves.

***) Combien de malheureux ont été obligés de fe rendre aux armées pour fauver leurs propriétés & leurs familles !

plots, foit d'infurection, foit de défertion, il y a dans tous les corps un certain nombre de meneurs, efpions des autres, qui reçoivent en cette qualité une paye plus confidérable, & d'après la dénonciation desquels il n'y a point de grace à efpérer. Ces meneurs continuent leurs fonctions jufques dans les prifons chez l'étranger; ils font là l'office d'une efpece de gens qui étoient autrefois connus dans les régiments fous le nom de conteurs, & lorfqu'ils apperçoivent quelque foldat trifte & rêveur, leur devoir eft de chercher à le tirer de fa mélancolie par quelqu'hiftoire, quelque farce, ou quelque chanfon dans le genre patriotique. Il n'y a proprement que deux peines: renvoyer & fufiller; le foldat craint beaucoup la premiere de ces deux punitions, qui retombe non-feulement fur lui, mais qui fait toujours inquiéter fa famille. On eft étonné de voir avec quelle fervitude l'armée fe courbe à toutes les impreffions de la convention; la preuve en étoit convainquante lors de cette prétendue fête à l'Etre fuprème. Quelques jours auparavant, le foldat ne parloit que de fuivre en tout la voix de fes paffions; fes defirs étoient fa loi; on lui a fait célébrer cette efpece de fête; fur le champ l'efprit changea, de nouvelles idées fe développerent relativement à une providence & à une effence célefte que, dans leur aveuglement, ils prétendoient n'être cependant pas un Dieu; l'armée renonce en un inftant à l'idole qu'elle encenfoit la veille, pour adopter celle du jour, & la furveillance eft fi grande, que la laffitude générale, même au milieu des fuccès, produira un relachement & une déforganifation, que n'occafioneront jamais les chútes les plus extraordinaires, & tous les événemens dont il eut été autrefois naturelle de l'efpérer. La méchanique, car c'en eft une dans toute la force du terme, fe détruira d'elle-même par la multiplicité & la tention de fes refforts. Qu'on en juge par le regne de Roberspierre: vivant, il étoit leur dieu, mort, il leur étoit en exécration; cependant il avoit encore un parti confidérable, mais la mort du chef avoit réduit ce parti au filence. Je conclus en affurant, que l'on juge fort mal des armées, quand on ne lit que les gazettes qui préfentent toujours l'enthoufiafme & l'effervefcence d'une foule foudoyée comme l'efprit de l'armée en général.

Le repréfentant du peuple décide de tout, & quand il eft préfent, il ne fe donne point d'ordre qui ne lui ait été communiqué; c'eft lui qui eft chargé d'influencer l'armée, & lorfqu'il fe prépare quelque mouvement important à Paris, le premier foin du parti dominant eft toujours de s'affurer des repréfentans. On n'exige d'un général que deux qualités effentielles ; une grande audace & beaucoup de préfence d'efprit ; tout ce qu'il eft poffible de prévoir eft prévu dans les plans qui lui font remis ; on lui fuppute même la quantité de monde qu'il doit perdre ; ces plans viennent directement du comité de falut public ; fans doute il eft des cas extraordinaires, c'eft alors aux talents du général à favoir y obvier. Le fyftème actuel des François eft de fe fortifier par-tout, foit qu'ils occupent une pofition où ils peuvent être attaqués, foit qu'ils doivent l'abandonner au bout de deux jours. Non-feulement ils mettent en réquifition les payfans, dans les pays où ils fe trouvent, pour les employer à des travaux de campemens, mais ils s'en fervent encore pour épargner leurs propres troupes, lorfqu'ils font obligés de fe retrancher fous le feu de l'ennemi. Ils fe font occupés cette campagne de plufieurs grandes manœuvres, cette partie avoit été très-négligée depuis long-temps. Leur avantage principal eft dans l'attaque toujours bien combinée, & alors une grande victoire a pour eux des fuites incalculables ; ils redoutent prodigieusement d'être prévenus , vu qu'un échec est pour eux une déroute, & que , par l'organisation de leurs armées, une défaite est une dissolution qui entraîne avec elle la perte de toute l'artillerie & des magasins qui se trouvent toujours très-près de l'armée. Ils n'ont pu trouver, pour pallier cet accident, qu'un moyen, c'est d'avoir toujours des corps de réserve très-considérables, pour fournir jusqu'à trois & quatre fois des troupes fraiches, à l'abri desquelles se replient celles qui ont été battues. Ces vérités incontestables, dont je les ai souvent entendu convenir eux-mêmes, ont aujourd'hui percé jusques dans les conseils des rois qui ont intérêt de s'en convaincre ; & s'il se fait une quatrieme campagne, comme tout semble l'annoncer, on verra, sans doute, éclorre un nouveau système militaire , & les souve-rains apprendront enfin de leurs ennemis l'art de discerner les traîtres, & de profiter de la victoire. C'est alors que, fatigué par une guerre étrangere, épuisé en même temps par des divisions intestines , le peuple françois , honteux de son aveuglement, sortira de l'apathie où l'avoit plongé la terreur , & demandera bientôt la paix qu'il semble aujourd'hui refuser à l'univers.

ERRATA.

Page 17, ligne vingt-troisieme, mille cinq cents hommes, *lisez* quinze cents hommes.

Page 25, ligne troisieme, ennemi trompette, *lisez* trompette ennemi.

Page 29, ligne derniere, onze mille hommes, *lisez* onze cents hommes.